FICHE DE LECTURE

Document rédigé par Isabelle Consiglio
maitre en langues et littératures françaises et romanes
(Université libre de Bruxelles)

GW00472530

Pars vite et reviens tard

Fred Vargas

lePetitLittéraire.fr

Rendez-vous sur lePetitLittéraire.fr et découvrez :

- plus de 1200 analyses
- claires et synthétiques
- téléchargeables en 30 secondes
- à imprimer chez soi

Code promo : LPL-PRINT-10

Fred Vargas
Romancière et essayiste française

- **Née en 1957 à Paris**
- **Quelques-unes de ses œuvres :**
  Dans les bois éternels (2006), roman policier
  Un lieu incertain (2008), roman policier
  L'Armée furieuse (2011), roman policier

Fred Vargas (de son vrai nom Frédérique Audoin-Rouzeau) est née à Paris en 1957. Historienne de formation, elle est dans un premier temps chercheuse en archéologie médiévale au FNRS. Son pseudonyme renvoie au personnage de Maria Vargas, interprété par Ava Gardner dans le film *La Comtesse aux pieds nus* (réalisé par Joseph L. Mankiewicz en 1954). La sœur jumelle de l'auteure, Jo Vargas, artiste peintre, a choisi le même pseudonyme.

Fred Vargas a publié à ce jour une quinzaine de romans policiers, ainsi que des essais philosophiques. Ses romans connaissant un succès important, ils ont presque tous été récompensés en France ou à l'étranger. Fred Vargas est actuellement une des principales auteures françaises de polars.

Pars vite et reviens tard
Un polar aux allures de roman noir

- **Genre :** roman policier
- **Édition de référence :** *Pars vite et reviens tard*, Paris, J'ai Lu, 2004, 352 p.
- **1ʳᵉ édition :** 2001
- **Thématiques :** peste, meurtre, vengeance, enquête, panique

Pars vite et reviens tard est le neuvième roman de Fred Vargas, publié en 2002. Son titre évoque un conseil formulé par les traités de médecine du Moyen Âge en cas d'épidémie de peste. La fuite était alors considérée comme la meilleure solution. L'intrigue mêle en effet la description d'une enquête menée dans le Paris contemporain à une évocation de diverses épidémies de peste dont un tueur en série se sert pour effrayer la population. On peut supposer que l'auteure a puisé, pour l'écriture de ce récit, dans ses connaissances de médiéviste. *Pars vite et reviens tard* a été récompensé par le prix des libraires ainsi que par le grand prix des lectrices de *Elle* en 2002.

RÉSUMÉ

L'ANNONCE DU FLÉAU

Joss Le Guern est un ancien marin breton. À la suite du naufrage de son navire, il agresse son armateur et manque de peu de le tuer. Il écope pour ce geste de deux années d'emprisonnement à la suite desquelles il part s'installer à Paris. C'est là que son arrière-grand-père lui apparait lors d'une soirée trop arrosée et lui suggère de reprendre la profession familiale de crieur public. Le crieur était autrefois chargé d'annoncer les nouvelles et les annonces postées par les habitants des villages reculés.

Joss décide donc de pratiquer ce métier et met à disposition des Parisiens une boite dans laquelle ils peuvent déposer leurs annonces et leurs billets d'humeur. La criée de Joss a lieu trois fois par jour sur une place parisienne. Depuis environ trois semaines, celui-ci reçoit d'étranges messages écrits en ancien français et en latin, annonçant le retour d'un terrible fléau. Il décide d'aller voir un ancien ami, Decambrais, un ex-prisonnier surnommé « le lettré », qui identifie les messages comme étant des extraits de manuscrits décrivant différentes épidémies de peste. Tous les deux décident alors de prévenir la police et se rendent chez Adamsberg.

Pendant ce temps, le commissaire Jean-Baptiste Adamsberg est muté à Paris à la brigade des homicides. Il reçoit une jeune mère de famille venue porter plainte car elle a découvert d'étranges inscriptions sur les portes des locataires de son immeuble : le chiffre quatre retourné et tracé à l'encre noire. En consultant un médiéviste, le commissaire découvre que le quatre retourné évoque en réalité un signe de croix tracé sans lever la main et est censé éloigner la peste des maisons sur lesquelles il est apposé. Ces curieux symboles se multiplient dans les immeubles parisiens. Adamsberg établit un lien entre les messages mystérieux de Joss et les symboles tagués en ville. Sa curiosité le pousse alors à assister aux criées de Joss afin de suivre de plus près le contenu de ses étranges annonces.

Joss quitte son deux-pièces sordide pour s'installer chez Decambrais où il fait la connaissance des autres locataires : Damas, qui tient un magasin de sport, Lizbeth, une ex-prostituée américaine et diva à ses heures, Éva, qui vient de fuir son mari violent, et Marie-Belle, la discrète sœur de Damas.

PREMIÈRES PISTES

Le narrateur emmène le lecteur chez une certaine Mané, qui reçoit son petit-fils, Arnaud. C'est apparemment lui qui trace les signes sur les portes. La vieille dame élève des rats qu'elle croit infectés par la peste et envoie Arnaud avec des enveloppes chargées de puces chez les futures victimes. Elle est persuadée que sa famille possède des pouvoirs magiques, ses parents ayant par le passé survécu à une épidémie de peste.

Les messages du jour annoncent chez Joss les premières victimes de la peste. Un corps est découvert dans un immeuble à Paris et une enveloppe contenant des puces est retrouvée près du cadavre. Le papier est identique à celui utilisé pour les missives que le crieur a reçues. Une véritable enquête débute alors pour Adamsberg et son assistant Danglard. On apprend que la victime n'est pas morte de la peste, mais qu'elle a été piquée par des puces, puis étranglée. Deux nouvelles victimes sont ensuite retrouvées. Les Parisiens cèdent à la panique : ils tracent des quatre sur leurs portes pour se protéger de la contagion. Adamsberg est convaincu que le tueur se trouve dans la foule qui assiste chaque matin à la criée de Joss.

La presse s'empare de la rumeur et décrit l'épidémie de peste de 1920 à Paris. Adamsberg demande l'aide d'un psychiatre afin de dresser le portrait psychologique du tueur. Il pense que ce dernier est personnellement lié à la peste. Le commissaire effectue des recherches sur l'épidémie de 1920. Par ailleurs, il est intrigué par le second frère de Marie-Belle, dont elle doit s'occuper car il semble psychologiquement fragile.

Une nouvelle victime est découverte à Marseille et Adamsberg doit effectuer le déplacement. En continuant ses investigations, il découvre que les gens riches portaient un diamant à l'annulaire gauche afin de se protéger de l'épidémie. Le commissaire se rappelle alors qu'il a vu un bref éclair de lumière provenant de la main d'un individu lors d'une des criées de Joss. De retour à Paris, il fait interpeller Damas qui porte effectivement un diamant à la main gauche. Celui-ci devient le suspect principal. De plus, il a des puces sur lui et possède un accès direct à la boite de Joss. Adamsberg découvre également que son casier judiciaire n'est pas vierge : il a été accusé, à tort, d'avoir défenestré sa compagne.

Un inconnu se présente alors au commissariat en affirmant être en danger de mort car il a retrouvé sous sa porte une enveloppe contenant des puces. Adamsberg décèle chez lui un passé mystérieux. Sous la contrainte, le jeune homme finit par avouer qu'il faisait partie d'une bande de sept truands qui ont torturé un individu et violé sa compagne.

DÉNOUEMENT

Adamsberg établit un lien avec le passé de Damas : jadis, ce dernier a mis au point un procédé permettant à un acier alvéolé très solide de ne pas se fissurer. Un important chef d'entreprise l'a alors fait kidnapper pour lui dérober son brevet. À la suite d'un viol, sa compagne s'est suicidée et Damas a été accusé de meurtre. Avec l'aide de sa grand-mère, il a préparé sa vengeance en prison en se servant du mythe familial concernant la peste. Son but était d'éliminer les truands qui les avaient maltraités lui et sa femme. Mané est arrêtée et ne nie rien des faits qui lui sont reprochés puisqu'elle est convaincue que les victimes sont bien mortes de la peste. Sa famille a effectivement survécu à une épidémie de peste à Clichy en 1920. Trois bourreaux de Damas sont encore à éliminer.

Le commissaire est persuadé qu'une troisième personne est chargée de commettre les meurtres restants. Damas et sa grand-mère ignorent toujours que les puces n'étaient en réalité pas contaminées par la peste. En prenant en chasse un individu sortant du domicile de Marie-Belle, Adamsberg découvre que le père de Damas a mené une double vie : il a reconnu son premier fils, mais pas ses deux autres enfants, issus d'un second mariage, Marie-Belle et son frère Antoine. C'est en réalité les deux enfants illégitimes qui suivaient Damas afin d'étrangler les victimes et qui sont donc coupables des meurtres. Leur objectif était de le faire accuser des meurtres et de pouvoir récupérer une partie de son colossal héritage.

La véritable commanditaire des meurtres, Marie-Belle, n'est pas poursuivie car elle a fui en laissant une lettre d'aveux à Adamsberg. Non-coupables des meurtres, Damas et sa grand-mère ne sont pas poursuivis. Le commissaire préfère cacher à cette dernière que les bourreaux de son petit-fils ne sont en réalité pas morts de la peste.

ÉTUDE DES PERSONNAGES

JOSS LE GUERN

Ancien matelot revendiquant très fortement ses origines bretonnes, Joss Le Guern purge une peine de prison pour avoir violemment attaqué son armateur. Alcoolique agressif et sans réelles attaches familiales, il échoue à Paris et effectue divers petits boulots avant d'embrasser la profession de crieur public. Son arrière-grand-père, Nicolas Le Guern, né en 1832, lui apparait ponctuellement pour lui prodiguer des conseils.

Joss a eu une enfance difficile : envoyé très jeune en pension, il s'est fait battre. Il en garde une méfiance vis-à-vis des inconnus. Habitué à la solitude, il s'exprime de manière directe et grossière, le plus souvent en utilisant le lexique de la marine : « Les vésicules rondes de ces algues se nommaient des flotteurs et Joss estima que cela convenait tout à fait aux yeux de ce commissaire. Ces flotteurs étaient enfoncés sous des sourcils fournis et embrouillés qui leur faisaient comme deux abris rocheux. » (p. 98) Impassible, Joss ne craint pas les annonces étranges qu'il lit et ne croit pas une seconde au retour de la peste à Paris.

DAMAS VIGUIER
(ARNAUD HELLER-DEVILLE)

Le personnage est tout à fait secondaire au début du roman et n'acquiert de l'importance que dans la seconde partie de l'intrigue. Il tient une boutique d'articles de sport : le *Roll-Rider*, dont l'arrière-salle sert de bureau à Joss. Damas n'a pas une apparence physique très soignée : ses longs cheveux sont souvent sales et il s'habille très peu, même en hiver.

Le lecteur n'apprend que tardivement le douloureux passé de ce personnage : son père était violent, mais il a réalisé de brillantes études et mis au point un procédé chimique permettant d'éviter aux métaux de se fissurer. Arrêté et torturé par un chef d'entreprise désireux de voler son brevet, Damas a vu sa vie basculer : il a été accusé du meurtre de sa compagne qui s'était en réalité suicidée. Élevé dans la légende familiale du pouvoir de semer la peste et d'y survivre, il met au point sa vengeance avec l'aide de sa grand-mère. Personnage fragile et brisé psychologiquement, il fait confiance à Marie-Belle, sa demi-sœur qu'il retrouve par hasard, mais qui le déçoit autant que la révélation du caractère fictif de son pouvoir familial.

LE COMMISSAIRE
JEAN-BAPTISTE ADAMSBERG

Originaire des Pyrénées et muté à Paris dans la brigade des homicides, le commissaire Adamsberg est un petit homme brun d'apparence négligée. Rien dans sa physionomie ne laisse présager de sa fonction. C'est un rêveur qui ne possède pas de réelle méthode d'investigation : il se fie à son flair qui le conduit la plupart du temps à la résolution du crime et il est réticent à l'utilisation des nouvelles technologies. Adamsberg est cependant très sensible aux drames humains : il décèle facilement la psychologie des suspects ou de ses collègues.

Personnage solitaire, le commissaire part tous les jours réfléchir à son enquête au cours de longues marches dans Paris. En couple depuis plusieurs années avec Camille, Adamsberg ne peut lui exprimer ses sentiments. Elle le surprendra au lit avec une autre femme, geste qu'il regrettera sans parvenir à s'en excuser.

ADRIEN DANGLARD

Assistant du commissaire Adamsberg, Danglard est, à l'inverse de son supérieur, un personnage on ne peut plus cartésien. Il obéit aux preuves scientifiques et possède des méthodes d'investigation rigoureuses.

Danglard n'est pas très séduisant physiquement. C'est néanmoins un personnage touchant. Peu de gens parmi ses collègues savent que son épouse l'a quittée en lui laissant la charge de leurs cinq enfants. Il ne s'en est jamais remis et se console en abusant de la bière lors de ses soirées solitaires. Il accueillera Camille chez lui après qu'elle ait surpris le commissaire en galante compagnie.

DECAMBRAIS (HERVÉ DUCOUËDIC)

Homme méfiant et discret, Decambrais exerce selon ses dires le métier de «conseiller en choses de la vie». Joss découvre que c'est en réalité un ancien professeur d'histoire breton accusé à tort d'avoir agressé une de ses étudiantes. Très cultivé (il est surnommé «le lettré »), dentellier à ses heures perdues, ce qui lui vaut les railleries des voisins, Decambrais est le premier à déchiffrer les annonces du tueur. Il loue les chambres de sa maison à des personnes en détresse.

LIZBETH

Lizbeth est une des locataires de Decambrais. Ancienne prostituée américaine, elle assure la préparation des repas quotidiens pour toute la maisonnée. Personnage chaleureux au sourire éclatant, Lizbeth chante du jazz tous les soirs dans un cabaret. Elle ne fait plus confiance aux hommes et n'attend rien de l'amour.

CLÉS DE LECTURE

FRED VARGAS ET LE ROMAN NOIR

Le roman noir est souvent associé au genre policier au sein duquel il forme une sous-catégorie. Son émergence se produit aux États-Unis durant l'entre-deux-guerres. Le roman noir détourne les éléments du genre policier classique, à savoir :

- l'identification, en la personne du détective, d'un justicier infaillible ;
- la résolution de l'enquête par l'arrestation d'un criminel forcément coupable ;
- des personnages à la psychologie peu développée ;
- la présence d'intrigues très stéréotypées.

Le roman noir a en effet pour principal but de décrire une réalité sociale particulière afin d'identifier l'origine du crime. Les enquêtes ont la plupart du temps lieu dans les banlieues de grandes villes ou au sein de quartiers défavorisés. Elles sont prises en charge par un commissaire ou un détective aux méthodes souvent illégales (violence, pots de vin). Le méfait n'est pas toujours puni puisque les réseaux de truands échappent la plupart du temps à la justice.

Le roman noir est un genre associé à la modernité et l'œuvre de Fred Vargas y appartient clairement. On y retrouve en effet l'évocation de la violence des banlieues parisiennes ainsi que de la précarité de ses habitants. Enfin, le récit n'est pas réellement clôturé puisque la véritable coupable, Marie-Belle, échappe aux autorités judiciaires.

UNE DESCRIPTION DU MONDE D'AUJOURD'HUI

Le texte de Fred Vargas décrit le quotidien de nombreux personnages évoluant dans un Paris loin des clichés.

Ainsi, les personnages mis en scène ont tous une face cachée ou un passé douloureux :

- le commissaire Adamsberg ne peut exprimer ses sentiments et mener à bien une relation amoureuse ;
- l'épouse de Danglard l'a quitté et il élève seul leurs cinq enfants ;
- Joss Le Guern a connu la pension et la violence étant enfant ;
- Damas a connu une descente aux enfers en passant par la torture, le deuil et la prison ;
- Decambrais a été condamné à tort ;
- Lizbeth a connu la prostitution et a été sans domicile fixe.

Aucun personnage ne semble mener une vie simple et heureuse. Tous se caractérisent au contraire par une importante complexité psychologique. La société les a malmenés et ils se sont pour la plupart construit une double identité afin de se protéger. Le thème de la dualité est une constante dans l'œuvre de Fred Vargas : il était déjà présent dans le roman *Debout les morts*.

Ces personnages évoluent de plus dans des quartiers violents et défavorisés. Leur quotidien est sombre et inquiétant :

- Joss doit survivre avec des petits boulots ;
- Mané vit dans une maison insalubre de Clichy ;
- la plupart des personnages se réfugient au bistrot ;
- les couloirs des immeubles sont peu surs ;
- les réverbères le long du canal sont hors service ;
- Damas connait une agression d'une violence intense.

La société semble en outre comporter de multiples contra-dictions et injustices : « Damas a fait cinq ans de taule pour un crime qui n'existait pas. Aujourd'hui il est libre pour des crimes qu'il a pu commettre. Marie-Belle est en fuite pour un carnage qu'elle a ordonné. Antoine sera condamné pour des meurtres qu'il n'a pas décidés. » (p. 345)

La description du monde actuel telle que proposée par Fred Vargas est assez sombre, mais touchante puisque la plupart des protagonistes tentent de s'en sortir. L'écrivaine ne présente donc pas une vision totalement pessimiste de la réalité, comme c'est souvent le cas dans le roman noir.

UNE LANGUE FAMILIÈRE ET INVENTIVE

Cette description de la vie parisienne se fait à l'aide d'un niveau de langue familier. Le ton des conversa-tions est le plus souvent direct et vulgaire : « Faut être vraiment malade pour aller crier des conneries sur une place. Qu'il aille tirer un coup, ce gars, ça lui nettoiera les méninges. » (p. 134) L'écriture de Fred Vargas est également très inventive : l'auteure y introduit de multiples néologismes tels que « pestologue », « petiloquer » ou encore « réflexiloque ».

L'intrigue se déroule au rythme des annonces criées par Joss Le Gern. Celles-ci cadencent le roman et rompent avec le ton général de la narration. La présence de cet intertexte en ancien français introduit un second niveau dans l'intrigue, puisque les personnages doivent dans un premier temps enquêter sur l'origine de ces annonces. Les documents concernant les épidémies de peste introduisent une composante historique au sein du roman. Fred Vargas possède en outre une écriture à clés, puisqu'elle distille des indices sur le coupable tout au long de la narration. C'est par exemple le cas lors des évocations du second frère de Marie-Belle ou de la visite chez Mané. Enfin, les différents extraits de textes concernant la peste peuvent également être vus comme un cryptogramme.

PISTES DE RÉFLEXION

QUELQUES QUESTIONS POUR APPROFONDIR SA RÉFLEXION...

- Fred Vargas est une spécialiste du Moyen Âge. Sa passion se reflète-t-elle dans *Pars vite et reviens tard*? Justifiez.
- Opposez les deux inspecteurs de ce roman : Adamsberg et Adrien Danglard. Leurs méthodes d'investigation font-elles écho à celles d'autres grandes figures du roman policier (comme Maigret ou Sherlock Holmes par exemple)?
- Qu'est-ce qui rattache cette œuvre au genre du roman noir?
- En quoi *Pars vite et reviens tard* se différencie-t-il des romans policiers classiques?
- Le thème de la dualité est omniprésent dans l'œuvre de Vargas. Expliquez en quoi consiste ce motif à l'aide d'exemples tirés du livre.
- Ce roman est-il plutôt optimiste ou pessimiste? Nuancez votre réponse.
- Les personnages de *Pars vite et reviens tard* sont-ils des héros? Justifiez votre point de vue.
- Quelle est la fonction et l'effet des criées de Joss Le Guern?
- Selon vous, l'adaptation cinématographique qui a été réalisée est-elle fidèle au roman de Vargas? En rend-elle l'atmosphère? Justifiez votre avis.
- Qu'est-ce qui, selon vous, a fait le succès de cette œuvre?

POUR ALLER PLUS LOIN

ÉDITION DE RÉFÉRENCE

- VARGAS F., *Pars vite et reviens tard*, Paris, J'ai Lu, coll. « Policier », 2004.

ADAPTATION

- *Pars vite et reviens tard*, film de Régis Wargnier, avec José Garcia, Lucas Belvaux et Marie Gillain, 2007.

SUR LEPETITLITTÉRAIRE.FR

- Fiche de lecture sur *Dans les bois éternels* de Fred Vargas
- Fiche de lecture sur *L'Armée furieuse* de Fred Vargas
- Fiche de lecture sur *Un lieu incertain* de Fred Vargas

Retrouvez notre offre complète sur lePetitLittéraire.fr

- des fiches de lectures
- des commentaires littéraires
- des questionnaires de lecture
- des résumés

ANOUILH
- Antigone

AUSTEN
- Orgueil et Préjugés

BALZAC
- Eugénie Grandet
- Le Père Goriot
- Illusions perdues

BARJAVEL
- La Nuit des temps

BEAUMARCHAIS
- Le Mariage de Figaro

BECKETT
- En attendant Godot

BRETON
- Nadja

CAMUS
- La Peste
- Les Justes
- L'Étranger

CARRÈRE
- Limonov

CÉLINE
- Voyage au bout de la nuit

CERVANTÈS
- Don Quichotte de la Manche

CHATEAUBRIAND
- Mémoires d'outre-tombe

CHODERLOS DE LACLOS
- Les Liaisons dangereuses

CHRÉTIEN DE TROYES
- Yvain ou le Chevalier au lion

CHRISTIE
- Dix Petits Nègres

CLAUDEL
- La Petite Fille de Monsieur Linh
- Le Rapport de Brodeck

COELHO
- L'Alchimiste

CONAN DOYLE
- Le Chien des Baskerville

DAI SIJIE
- Balzac et la Petite Tailleuse chinoise

DE GAULLE
- Mémoires de guerre III. Le Salut. 1944-1946

DE VIGAN
- No et moi

DICKER
- La Vérité sur l'affaire Harry Quebert

DIDEROT
- Supplément au Voyage de Bougainville

DUMAS
- Les Trois Mousquetaires

ÉNARD
- Parlez-leur de batailles, de rois et d'éléphants

FERRARI
- Le Sermon sur la chute de Rome

FLAUBERT
- Madame Bovary

FRANK
- Journal d'Anne Frank

FRED VARGAS
- Pars vite et reviens tard

GARY
- La Vie devant soi

GAUDÉ
- La Mort du roi Tsongor
- Le Soleil des Scorta

GAUTIER
- La Morte amoureuse
- Le Capitaine Fracasse

GAVALDA
- 35 kilos d'espoir

GIDE
- Les Faux-Monnayeurs

GIONO
- Le Grand Troupeau
- Le Hussard sur le toit

GIRAUDOUX
- La guerre de Troie n'aura pas lieu

GOLDING
- Sa Majesté des Mouches

GRIMBERT
- Un secret

HEMINGWAY
- Le Vieil Homme et la Mer

HESSEL
- Indignez-vous !

HOMÈRE
- L'Odyssée

HUGO
- Le Dernier Jour d'un condamné
- Les Misérables
- Notre-Dame de Paris

HUXLEY
- Le Meilleur des mondes

IONESCO
- Rhinocéros
- La Cantatrice chauve

JARY
- Ubu roi

JENNI
- L'Art français de la guerre

JOFFO
- Un sac de billes

KAFKA
- La Métamorphose

KEROUAC
- Sur la route

KESSEL
- Le Lion

LARSSON
- Millenium I. Les hommes qui n'aimaient pas les femmes

LE CLÉZIO
- Mondo

LEVI
- Si c'est un homme

LEVY
- Et si c'était vrai...

MAALOUF
- Léon l'Africain

MALRAUX
- La Condition humaine

MARIVAUX
- La Double Inconstance
- Le Jeu de l'amour et du hasard

MARTINEZ
- Du domaine des murmures

MAUPASSANT
- Boule de suif
- Le Horla
- Une vie

MAURIAC
- Le Nœud de vipères

MAURIAC
- Le Sagouin

MÉRIMÉE
- Tamango
- Colomba

MERLE
- La mort est mon métier

MOLIÈRE
- Le Misanthrope
- L'Avare
- Le Bourgeois gentilhomme

MONTAIGNE
- Essais

MORPURGO
- Le Roi Arthur

MUSSET
- Lorenzaccio

MUSSO
- Que serais-je sans toi ?

NOTHOMB
- Stupeur et Tremblements

ORWELL
- La Ferme des animaux
- 1984

PAGNOL
- La Gloire de mon père

PANCOL
- Les Yeux jaunes des crocodiles

PASCAL
- Pensées

PENNAC
- Au bonheur des ogres

POE
- La Chute de la maison Usher

PROUST
- Du côté de chez Swann

QUENEAU
- Zazie dans le métro

QUIGNARD
- Tous les matins du monde

Et beaucoup d'autres sur lePetitLittéraire.fr

www.lepetitlitteraire.fr

ISBN version imprimée : 978-2-8062-1388-4
ISBN version numérique : 978-2-8062-1883-4
Dépôt légal : D/2013/12.603/35

Printed in Great Britain
by Amazon